A ma sœur, Sonia.

© 2021, Lilian Michau
 Édition : BoD – Books on Demand, 12/14 rond-point des Champs-Élysées, 75008 Paris. Impression : BoD - Books on Demand, Norderstedt, Allemagne
ISBN: 9782322375981
Dépôt légal : Juillet 2021

Table des matières

1 QU'EST-CE QUE LA RESILIENCE ?

1.1 QUELQUES DEFINITIONS

Afin de déterminer qu'est-ce que la résilience, nous nous appuierons sur quelques définitions :
nom féminin
1.
PHYSIQUE
Valeur caractérisant la résistance au choc d'un métal.
2.
PSYCH.
Capacité à surmonter les chocs traumatiques.

« Pour s'en sortir, il faut disposer très tôt de ressources en soi et pouvoir bénéficier des mains tendues ou tuteurs de résilience ». Boris Cyrulnik

1.2 LA RESILIENCE PERSONNELLE

Il s'agira de développer sa capacité à faire face à une épreuve, un incident ou un revers et à le surmonter en dépit de conditions parfois défavorables.
Ce n'est pas un état, mais un processus.
Ce manuel permettra de définir son état et ses facultés par rapport à un changement de son environnement au sens large du terme.
De plus, ce manuel expose une méthodologie permettant de mesurer les risques, de voir son niveau de préparation et enfin de définir les actions à mettre en place.

C'est un travail de prévision, d'anticipation et modélisation qui est Ancien. En effet, cette démarche qui est assez vieille était déjà d'actualité à la Renaissance ou Léonard de Vinci écrivait « Ne pas prévoir c'est gémir »

L'approche développée dans ce manuel est celle de la gestion des risques en utilisant certains principes de la permaculture.

L'analyse des risques est l'étape indispensable de compréhension pour visualiser son niveau de résilience. Ce manuel a pour objectif de répertorier les risques encourus et de mettre en place les actions nécessaires pour les inhiber.

Quant à l'aspect principe de la permaculture, ils seront uniquement les suivants : notion de zonage, chaque élément doit avoir plusieurs fonctions et chaque fonction est remplie par plusieurs éléments

Enfin, Ce manuel se veut réaliste et place le lecteur face à ces responsabilités notamment sur ces actions à entreprendre si nécessaire.

1.3   LA DEMARCHE ET METHODE UTILISEES

Après avoir classé les différents items en 5 M : maison, mets, maladie, monnaie et menace. Ces « M » seront repris individuellement afin d'y associer un niveau de résilience, un plan d'action et une check liste.

1.4 PRINCIPES EMPRUNTES A LA PERMACULTURE

1.4.1 Définition

D'après Bill Molisson cofondateur de la permaculture, elle peut se définir par la phrase suivante :

« La permaculture est une démarche de conception éthique visant à construire des habitats humains durables en imitant le fonctionnement de la nature. »

1.4.2 Principes

Cette démarche repose sur plusieurs principes :

Dans a Designers' Manual Bill Mollison énonce les principes suivants

1- Travailler avec la nature plutôt que contre elle
2- Le problème est la solution
3- Faire le changement le moindre pour le plus grand effet
4- Les seules limites sont celles de notre imagination
5- Tout jardine ou a un effet sur son environnement

Auxquels on peut ajouter :

Chaque élément du système doit remplir plusieurs fonctions
Chaque fonction doit être remplie par plusieurs éléments
La diversité est la base de la résilience
Prendre la responsabilité de sa propre vie, maintenant !

C'est sur les derniers points que repose une démarche volontariste de résilience.

Une autre phrase de Vol West :

« Deux c'est un et un ce n'est rien »

D'un point de vue opérationnel, cela peut se traduire par une solution principale, une solution secondaire et enfin une solution de secours.

Par exemple pour se rendre au travail, la solution principale c'est les transports en commun, la solution secondaire c'est son véhicule personnel et la solution de secours c'est le covoiturage.

L'analyse de chaque besoin selon ce prisme permet d'avoir une première vision de son niveau de résilience.

Pour chaque item, la démarche sera la même :

- Une solution principale sera mentionnée.
- Une solution secondaire sera également indiquée.

2   LE MODELE DE LA RESILIENCE INDIVIDUELLE

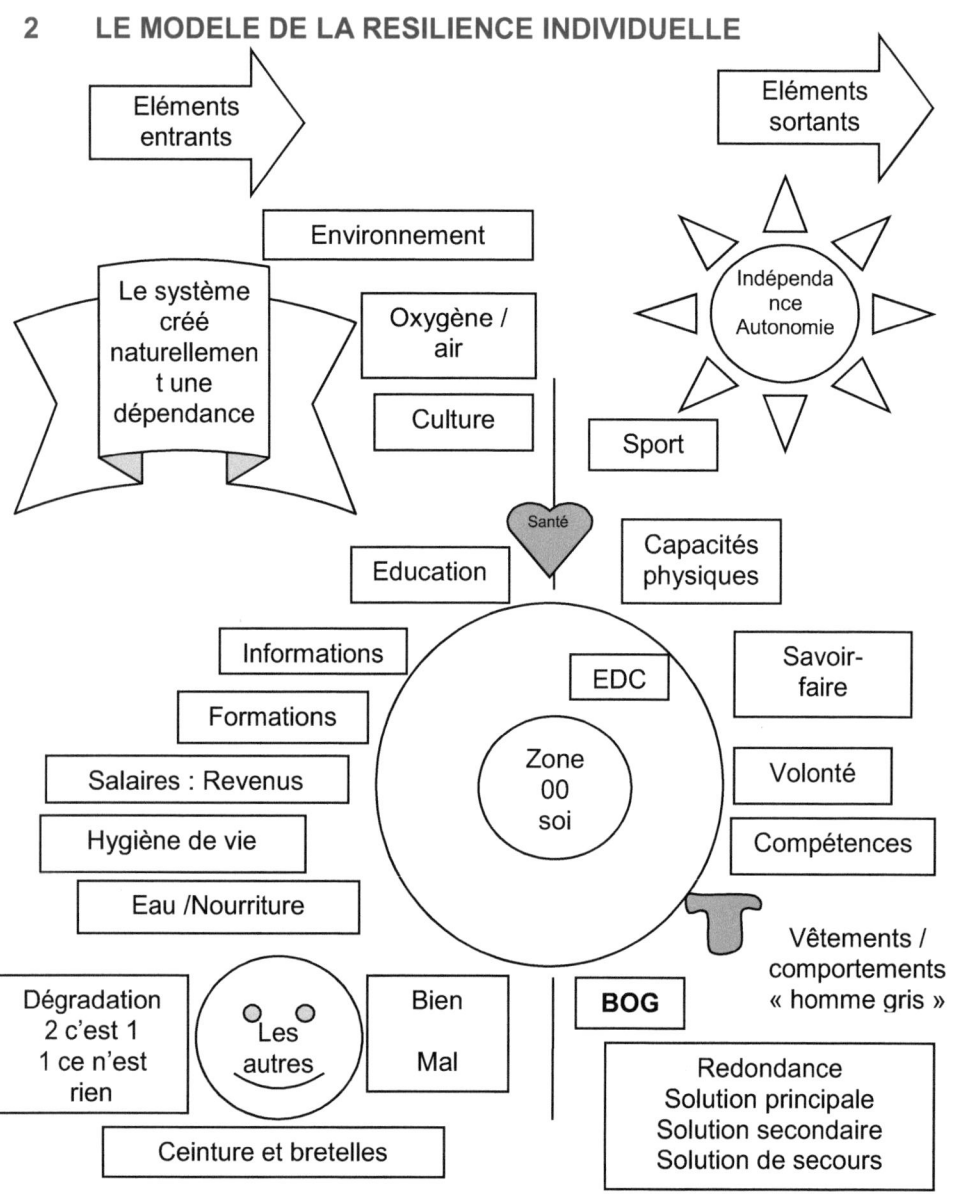

3   FOCUS SUR L'EDC

EDC : Every day carry, nécessaire d'objets à emporter avec soi tous les jours, il doit être adapté à l'environnement : citadin, rural

Exemple d'éléments standards d'un EDC :

- Gel hydrologique ;
- Couverture de survie ;
- Briquet
- Masque
- Bonbons
- Contenant (liquide)
- Multi tool
- Lampe

4   FOCUS SUR LE BUG OUT BAG

Le Bug out Bag ou sac d'évacuation qui permet théoriquement de tenir 72h hors de son habitation. C'est un contenant que vous prendrez avec vous si vous devez quitter votre domicile. Il peut contenir les éléments suivants :

- Copie de papiers importants
- Vêtement de rechange
- Sac de couchage
- Lampe
- Multitool
- Un peu de nourriture
- Nécessaire pour faire du feu
- Trousse de premiers soins

5   L'ANALYSE DES RISQUES

« Le danger ce n'est pas ce qu'on ignore, c'est ce que l'on tient pour certain mais qui ne l'est pas » Mark Twain

L'analyse des risques est l'étape indispensable de compréhension pour visualiser son niveau de résilience.

L'analyse des risques a pour objectif de répertorier les risques encourus et de mettre en place les actions nécessaires pour les inhiber.

Dans la démarche proposée, les risques sont classés par famille, nous utiliserons la méthode Ishikawa des 5 M pour définir les différentes familles de risque :

Les données d'entrée seront celles issues d'un diagramme Ichikawa permettant de classer les risques en plusieurs familles : Main d'œuvre, Matière, Milieu, Méthode et Machine.

5.1 DIAGRAMME ISHIKAWA OU 5 M POUR LES ASPECTS RESILIENCES

En s'inspirant de la méthode 5 M couramment utilisés dans l'industrie, ces derniers peuvent être réinterprétés en M Maison, M Maladie, M Monnaie, M Met et M Menace.

L'ensemble des items M est ensuite détaillé ci-dessous.

Ishikawa résilience personnelle

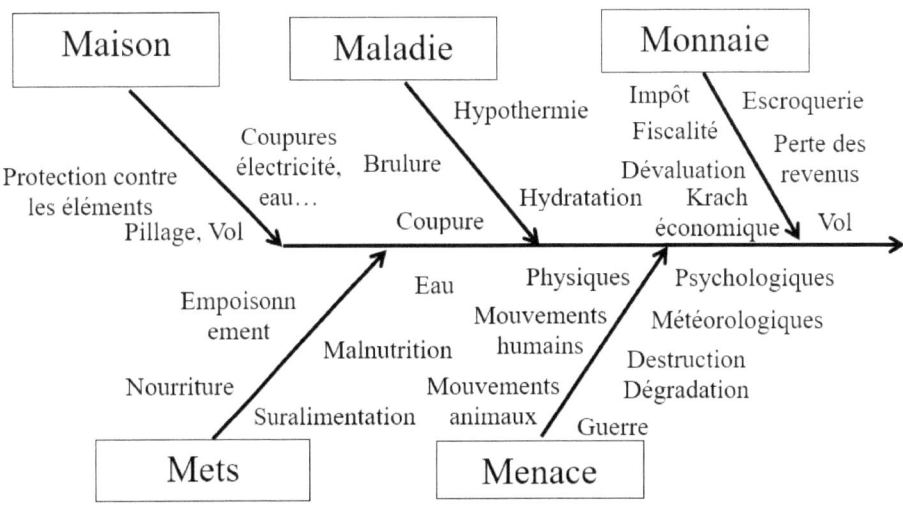

5.2 MAISON

« Je regardais là-haut, toujours là-haut: là il y avait de la lumière, là était la maison, là tu étais, toi mon Univers » Stéphan Zweig

Dans cette Item, il ne faut pas voire uniquement l'aspect habitation mais aussi l'aspect protection que représente la maison car un des objectifs de posséder un bien est de se protéger des éléments.
Pour chaque Item, la décomposition sera identique :

- Liste des Items ;
- Éléments chiffrés de ces derniers ;
- Exemple d'une personne résiliente suivant cet axe ;
- Analyse des items suivant les axes fréquences et gravité ;
- Enfin, une proposition de plan d'action ainsi qu'une check liste sont développées.

5.2.1 Eléments chiffres suivant l'axe maison / protection

Entre 2000 et 2010, la mortalité totale dans les villes était attribuable au froid à 3.9% et à la chaleur à 1.2%

Sources : Revue Environemment international décembre 2018

5.2.2 Exemple d'une personne résiliente suivant l'axe Maison/ protection

David Henry Thoreau est né le 12 juillet 1817, dans la ville de Concord, Massachusetts (USA).

Il a suivi des études littéraires ainsi que de langues, il a appris les langues suivantes : le Français, l'Italien, l'Allemand et l'Espagnol.

En mars 1845, David Henry Thoreau commence la fabrication d'une cabane en pin sur les rives de l'étang, à 2,4 km de sa maison natale.

C'est le début d'une expérience qui dure deux ans, menée en autarcie (Thoreau a planté 1 hectare de pommes de terre, de fèves, de blé et de maïs), et qu'il raconte dans son livre Walden ou la Vie dans les bois (Walden or Life in the Woods).

C'est dans cette période que David Henry Thoreau a montré les aspects Maison et Protection à travers la construction qu'il a bâtie. Il s'est volontairement coupé du monde pour s'en protéger et prendre du recul.

Thoreau quitte définitivement sa retraite de Walden Pond le 6 septembre 1847.
Henry David Thoreau est un écrivain non conformiste, aspirant à une vie transcendantale dans la nature avec laquelle l'homme accorde sa conscience, il s'est bâti une éthique basée sur la pauvreté volontaire. Son œuvre a connu un regain de popularité à partir de mai 1968 et a influencé les mouvements environnementalistes ainsi que la contre-culture.

Les œuvres majeures écrites par Thoreau sont :

- Désobéissance civile ; du devoir de désobéissance civique
- La Moelle de la vie : 500 Aphorisme
- La Vie sans principe
- Le paradis à (re)conquérir
- Walden ou la vie dans le bois

Henry David Thoreau meurt le 6 mai 1862 à Concord USA, à 44 ans.

Sources : https://fr.wikipedia.org/wiki/Henry_David_Thoreau.

5.2.3 Tableau d'analyse des risques liés à l'aspect maison

Items
- Protection physique
- Coupure électrique
- Coupure d'eau
- Inondation
- Pillage vol
- Incendie

Fréquence	Gravité : Peu d'impact sauf conditions exceptionnelles	Manque de confort y compris psychologique	Hypothermie / hyperthermie / déshydratation	Perte du domicile ou des biens
Jour				
Semaine				
Mois				
Année				
Jamais arrivé				

Perdu au milieu de nul part

Boire un verre chez soi près de la cheminée

5.2.4 Plan d'action en fonction des risques suivant l'axe maison / protection

Items	Quoi	Quand
Protection physique	Vêtement / couverture de survie	Tous les jours
Coupure électrique	Système en réserve pour éclairage, chauffage et cuisine	Dès la conception de la maison puis après
Coupure eau	Réserve d'eau / traitement de l'eau	Dès la conception de la maison puis après
Inondation	Zone non inondable / évolution environnement	Avant l'emménagement
Pillage vol	Zone sécurisée/ alarme / voisins /rendre la maison peu attrayante	Avant l'emménagement puis régulièrement
Incendie	Protection alarme	Vérification régulière

5.2.5 Principes de la permaculture appliqués à l'axe maison /protection

Pour chaque item, il est important d'avoir plusieurs solutions une principale, une secondaire et une de secours.

Premier exemple, pour l'axe protection physique :

Solution primaire : des vêtements adaptés

Solution secondaire : un poncho s'il y a un risque de pluie

Solution de secours : lister des abris pour un repli

Deuxième exemple, pour l'aspect chauffage

Solution primaire : poêle à bois

Solution secondaire : petit chauffage à gaz

Solution de secours : repli dans une autre habitation

Enfin, si nous appliquons un des principes de la permaculture : un objet plusieurs fonctions, par exemple : une cuisinière à bois remplacera le poêle à bois car la cuisinière non seulement chauffera l'habitat mais aussi permettra de cuisiner voir de faire chauffer de l'eau.

5.2.6 Check liste de la résilience suivant l'axe Maison protection contre les éléments

Les différents niveaux	Items	Les actions à mettre en place
Niveau 1	Protection contre les éléments	Vêtements adaptés (chaud, froid, pluie, neige) Chaussures adaptées (chaud, froid, pluie, neige)
Niveau 2	La maison	Zone sécurisée contre les éléments, humains et animaux Système redondant : eau, électricité, chauffage et sanitaires Protection incendie Protection contre le vol
Niveau 3	Avoir un endroit de repli accessible : « BAD » Base autonome durable A défaut, hébergement de « secours » chez famille ou relations « solides »	Prévoir une zone géographique « calme » Créer sa BAD Entretenir son réseau en ayant à l'esprit « *que puis je faire pour eux ?* »

5.3 MALADIE

« Existe-t-il pour l'Homme de bien de plus précieux que sa Santé » Socrate

Cet Item est axé sur la santé en général. Préserver sa santé et ses aptitudes doit rester une priorité, notre corps est une formidable machine qui nous a permis de nous adapter à tous les biotopes.

Notre vision pourra reposer sur quatre points :

Préserver ces aptitudes en utilisant autant que nécessaire des équipements de protection individuelle ;

Entretenir notre corps par une activité physique et intellectuelle ;

Etre conscient des éléments entrants dans notre corps : nourriture, boisson et élément de dépendance (alcool, tabac…) ;

Etre conscient de l'environnement dans le lequel on vit.

5.3.1 Eléments chiffres suivant l'axe Maladie

Les traumatismes non intentionnels entrainent chaque année en France environs 40 00 décès, dont 21 000 suite aux accidents de la vie.

Santé publique France 04/07/2019

5.3.2 Exemple d'une personne résiliente suivant l'item Maladie

Li Qingyun né à une date non déterminée avec certitude dans le Xian de Qijiang, province du Sichuan et mort le 6 mai 1933, est un médecin, pharmacien et herboriste de médecine chinoise traditionnelle. Il est connu pour sa longévité supposément extrême.

Pour maintenir la forme, il se nourrissait quotidiennement de plantes dont des baies de goji ou du ginseng et pratiquait le qi gong, des exercices de santé taoïstes.

Un article du Time magazine du 15 mai 1933 dit que ce médecin qui vivait dans la province du Sichuan déclarait lui-même avoir l'âge de 197 ans et être né en 1736.

À l'âge de 10 ans, il aurait parcouru les provinces de Gansu, Shaanxi, ainsi que le Tibet, le Annam, le Siam et se serait également rendu en Mandchourie pour réunir des plantes médicinales.

Il aurait continué à réunir des herbes pendant les 100 premières années de sa vie. Il se serait majoritairement nourri d'herbes et de vin de riz.

Li Qingyun pratiquait le Qi gong, il était un expert en herboristerie et il aurait passé la majorité de sa vie en altitude.

Li Qingyun est un exemple extrême à la fois de longévité même si cette dernière est, bien entendue, contestée mais aussi de choix de vie dans des conditions difficiles, pratique d'arts martiaux et nourriture.

Sources : https://fr.wikipedia.org/wiki/Li_Qingyun

5.3.3 Tableau d'analyse des risques liés à l'aspect maladie / blessures

	Gravité			
	Blessures ou symptômes bénins	Blessures ou symptômes demandant des soins médicaux	Blessures ou maladies provoquant des dommages réversibles	Blessures ou maladies mortelles

Items	Fréquence	Blessures ou symptômes bénins	Blessures ou symptômes demandant des soins médicaux	Blessures ou maladies provoquant des dommages réversibles	Blessures ou maladies mortelles
Malaise / hydratation / hypothermie / coupures légères / brulures légères	Jour	▓			
	Semaine	▓			
Maladies ou blessures impossible résoudre seul	Mois		▓		
Lésions sévères	Année		▓		
Pronostic vital engagé à court terme	Jamais arrivé				▓

Blessé ou malade au milieu de nulle part	En bonne santé chez soi

→

5.3.4 Plan d'action en fonction des risques suivant l'axe maladie / blessure

Items	Quoi	Quand
Malaise / hydratation / hypothermie / coupures légères / brulures légères	Se protéger des éléments (protections individuelles), surveiller ses besoins fondamentaux	Tout le temps
Maladies ou blessures impossible à résoudre seul	Solution pour avoir accès au secours	Tout le temps
Lésions sévères	Solution pour avoir accès au secours ou …	Tout le temps
Pronostic vital engagé à court terme	Ne pas se mettre en situation à risque et prévention	Tout le temps

5.3.5 Principes de la permaculture appliqués à l'axe maladie / blessure

Il convient de faire cette recherche pour chaque item.

Pour l'item protection en utilisant le principe un élément plusieurs fonctions, les gants en ont plusieurs, d'une part une protection contre les coupures et d'autre part contre les éléments.

Enfin, la protection des mains pourra être faite à l'aide de gants mais aussi à l'aide de morceaux de tissus.

5.3.6 Check liste de la résilience suivant l'axe Maladie

Les différents niveaux	Items	Les actions à mettre en place
Niveau 1	Protection contre les éléments	Avoir toujours sur soi les protections adaptées : gants, casque, masque…
	Protection contre virus	Avoir toujours sur soi les protections adaptées : masque et gants si nécessaire
Niveau 2	Hygiène de vie	Sport : endurance et explosif Gestion de son poids de santé Nourriture peu ou pas transformée Pas d'élément de consommation d'addictif alcool tabac
Niveau 3	Zone géographique	Vivre dans une zone géographique « préservée » isolée de l'arrivée de pathogène « zones bleues ». Vivre dans une zone géographique avec l'ensemble des moyens médicaux disponibles.

Zones bleues : il s'agit de zones géographiques ou le nombre de centenaires est important. Les raisons de cette longévité peuvent être expliquées par : le maintien d'une activité physique, un but dans la vie, une réduction du stress, une restriction calorique, une alimentation prioritairement végétale, une consommation modérée d'alcool et un engagement social.

5.4 METS

« Le degré de force dépend essentiellement de la nature de l'alimentation. »
Herbert Spencer

Cet « M » est consacré au mets et plus largement à la nourriture. Notre corps a besoin de « carburant » liquide et solide pour bien fonctionner.

Sur cet Item, il est important d'éviter de ne se trouver ni en situation de manque ni en situation d'abondance car l'obésité est la cause de nombreux décès.

La vigilance doit aussi être présente afin d'éviter les intoxications et empoisonnements.

5.4.1 Eléments chiffres suivant l'axe Mets

32,3% des Français de 18 ans et plus sont en surpoids et 15% présente une forme d'obésité.

Le gaspillage alimentaire en France représente 20 kg par an et par personne.

Sources : Réalités Familiales-2014 (UNAF)

5.4.2 Exemple d'une personne résiliente suivant l'item mets / nourriture

De nationalité française, Jean Pain est né en Suisse le 12/12/1928. Fils de boucher, sa voie semblait tracée et il apprit donc le métier de boucher.
Ce métier ne lui plaisait pas, il quitta l'espace familial pour explorer la vie.

C'est en 1964 que Jean PAIN et son épouse se retrouvèrent gardiens d'un domaine (les Templiers) de 270 ha situé à Villecroze dans le Var au sud de la France. (ce domaine est celui de la Commanderie du Ruou).

Le couple s'installe dans une vie très proche de la nature, élève des chèvres dans des conditions extraordinaires, produit un fromage exceptionnel issu de la transformation du lait de ses chèvres et cultive la presque totalité des produits nécessaires à leur existence.

C'est en 1970 que Jean PAIN invente "Les Méthodes Jean PAIN", technique permettant de fabriquer un compost à partir de broussailles.

Les qualités de ce compost sont extraordinaires et lui permettent de produire des légumes même sur des sols très pauvres sans arrosage, sans traitement d'aucune sorte et sans apport de fertilisant autre que son "Compost de Broussailles".

Ces résultats sont impressionnants en terme de production de nourriture avec des protections de pastèques de 6 kgs, des aubergines (6 par pied) des cultures de chayottes, de blé, de tomates, de poireaux et haricots.

En 1972 Ida PAIN, son épouse, écrit un livre "UN AUTRE JARDIN" relatant les découvertes de Jean Pain.

Jean Pain sera reconnu également par l'utilisation de son composte de broussailles pour la création de gaz alimentant son véhicule, sa cuisinière et permettant aussi de chauffer son habitation.

Jean PAIN s'éteindra le 30/07/1981 sans voir ses idées appliquées à grande échelle.

Source : Les méthodes Jean Pain

5.4.3 Tableau d'analyse des risques liés à l'aspect mets / nourriture

Items	
Déshydratation	▢ (gris clair)
Malnutrition / carence	▢ (gris moyen)
Intoxication	▢ (gris foncé)
« Abus »	▢ (noir)

Fréquence	Gravité : Faim / soif	Carences au niveau nutritif	Empoisonnement	Mourir de faim	Suralimentation
Jour	▢				
Semaine	▢				
Mois		▢			
Année			▢		
Jamais arrivé				▢	▢

Faim au milieu de nulle part	Restaurant avec de l'argent

→

5.4.4 Plan d'action en fonction des risques suivant l'axe mets / nourriture

Items	Quoi	Quand
Déshydratation	Réserve de nourriture et d'eau	Tout le temps
Malnutrition / carence	Nourriture équilibrée	long terme
Intoxication	Vérification de la comestibilité de la nourriture	
Abus Suralimentation	Hygiène de vie correcte	long terme

5.4.5 Principes de la permaculture appliqués à l'axe mets / nourriture

L'idéal sera d'avoir en solution principale une réserve personnelle de nourriture puis en solution secondaire sa propre production.

Enfin, dans nos pays d'abondance, les maladies liées à la surnutrition sont nombreuses.

Pour l'aspect hydratation, il sera important d'avoir une réserve d'eau sur soi mais aussi de connaitre les lieux où il est possible de s'approvisionner facilement en eau, par exemple les cimetières.

5.4.6 Check liste de la résilience suivant l'axe mets / nourriture

Les différents niveaux	Items	Les actions à mettre en place
Niveau 1	Identifier les différentes sources de nourriture Stocker sa nourriture	Répertorier en proximité les grandes surfaces, marchés Stocker un niveau minimum de nourriture basique : conserves, fruits secs…
Niveau 2	Produire	Commencer par des végétaux simples : Fruitiers : pommes, poire et Kiwi Légumes : radis, carottes, pommes de terre, laitues, courgettes, poireaux et tomates « Cultiver son jardin est un acte politique » Pierre Rabhi
Niveau 3	Prévention / obésité / plantes comestibles	Limiter sa consommation de nourriture « hara hachi bu » Manger que 80% de sa satiété, si vous avez plus faim votre estomac est déjà plein car il y a un décalage de 20 mn entre la sensation de faim et la réalité Connaitre certaines plantes comestibles et ou médicinales : en connaitre peu mais parfaitement

5.5 MONNAIES

« La plus grande forme de la pauvreté est le peu de richesse en connaissances ».
Gustave Le Bon (Les bases scientifiques d'une philosophie de l'histoire, 1931)

Cet « M » de Monnaie est celui lié à l'argent et l'investissement en général.

A mes yeux cet item peut reposer sur trois points :

La diversification des investissements y compris en soi ;

La diversification des revenues ;

La gestion rigoureuse de ces moyens financiers.

5.5.1   Eléments chiffres suivant l'axe Monnaies

L'épargne moyen par ménage varie de 7% des revenues à 28%, selon que l'on appartient aux 20% des plus pauvres ou au 20% des plus riches.

Sources : Observatoire des inégalités

5.5.2   Exemple d'une personne résiliente suivant l'item Monnaies

Samuel Brannan est né le 2 mars 1819 à Saco (USA)

Il se convertit dans sa jeunesse au mormonisme. En 1846, après la mort de Joseph Smith Jr., il partit avec plusieurs compagnons mormons en Californie. Il s'installa à San Francisco et édita le premier journal de la ville, le California Star. Il créa également la première école de la ville.

En 1847, il ouvrit un magasin à Sutter's Fort, dans l'actuelle ville de Sacramento.

En 1848, il se rend à Sutter's Mill, près de Coloma où de l'or avait été découvert. En mai 1848, Brannan répandit la nouvelle dans les rues de San Francisco -suite aux aveux d'un certain James W.Marshall, premier à avoir découvert de l'or dans l'American River - après avoir prétendu deux mois auparavant que c'était faux, le temps de vérifier et de préparer ses commerces.

Il prit soin d'acheter tout le matériel de chercheur d'or disponible à des kilomètres à la ronde, ceci dans le but d'en devenir l'unique fournisseur.

Entre 1847 et 1850, Samuel Brannan a été, à lui seul, responsable de l'arrivée de plus de 200 000 chercheurs d'or dans la ville de Coloma

Quelques mois plus tard, Brannan devint l'homme le plus puissant de l'Ouest Américain, son magasin lui rapportant 2 000 000 de dollars actuels par mois.

Il ouvrit plusieurs magasins pour vendre du matériel aux mineurs et acheta plusieurs terrains à San Francisco dès lors qu'il apprit l'arrivée des grands groupes miniers de l'Est attirés par la ruée vers l'or.

Il fut nommé au premier conseil municipal de la ville et organisa un comité de vigilance qui assura la sécurité suite aux grands incendies de San Francisco.

Il fut par la suite élu au Sénat de Californie en 1853. Il fit fortune grâce au commerce international, aux banques et aux compagnies de chemin de fer.

En 1859, il fonda Calistoga et la Napa Valley Railroad Company en 1864 pour acheminer les touristes.

Après son divorce et à cause de sa dépendance à l'alcool, il finit ruiné et mourut à l'âge de 70 ans à Escondido (Californie). Son corps repose au cimetière de Mount Hope à San Diego.

La stratégie de Samuel Brannan s'appuyait sur la possession des terres dont la valeur a considérablement augmenté.

C'est ce qu'on appelle le "Land Banking" ou la "Mise en Réserve des Terres".

Le principe est simple...

Plutôt que de faire l'effort d'exploiter un terrain riche en métaux précieux, il suffit de l'acheter et de...
- Soit se faire payer pour son exploitation
- Soit tout simplement le revendre pour un gros profit

Parfois, il se produit exactement l'inverse, par exemple, les agriculteurs qui exploitent leurs terres avec des gains très faibles, les profits vont du côté des vendeurs de matériels…

Source : https://fr.wikipedia.org/wiki/Samuel_Brannan

5.5.3 Tableau d'analyse des risques liés à l'aspect monnaie

Items	
Vol	░
Perte de revenus	▒
Modification des règles d'imposition	▓
Dévaluation	█
Banqueroute	█
Réquisition du capital ou autre	█

		Gravité			
		Peu d'impact	Perte financière	Perte partielle de son capital	Perte de son capital
Fréquence	Jour	░	░		
	Semaine	░	░		
	Mois		▒		
	Année		▓	▓	
	Jamais arrivé				█

Revenu unique ou inexistant dans une zone économique instable → Plusieurs sources de revenus dans une zone économique stable

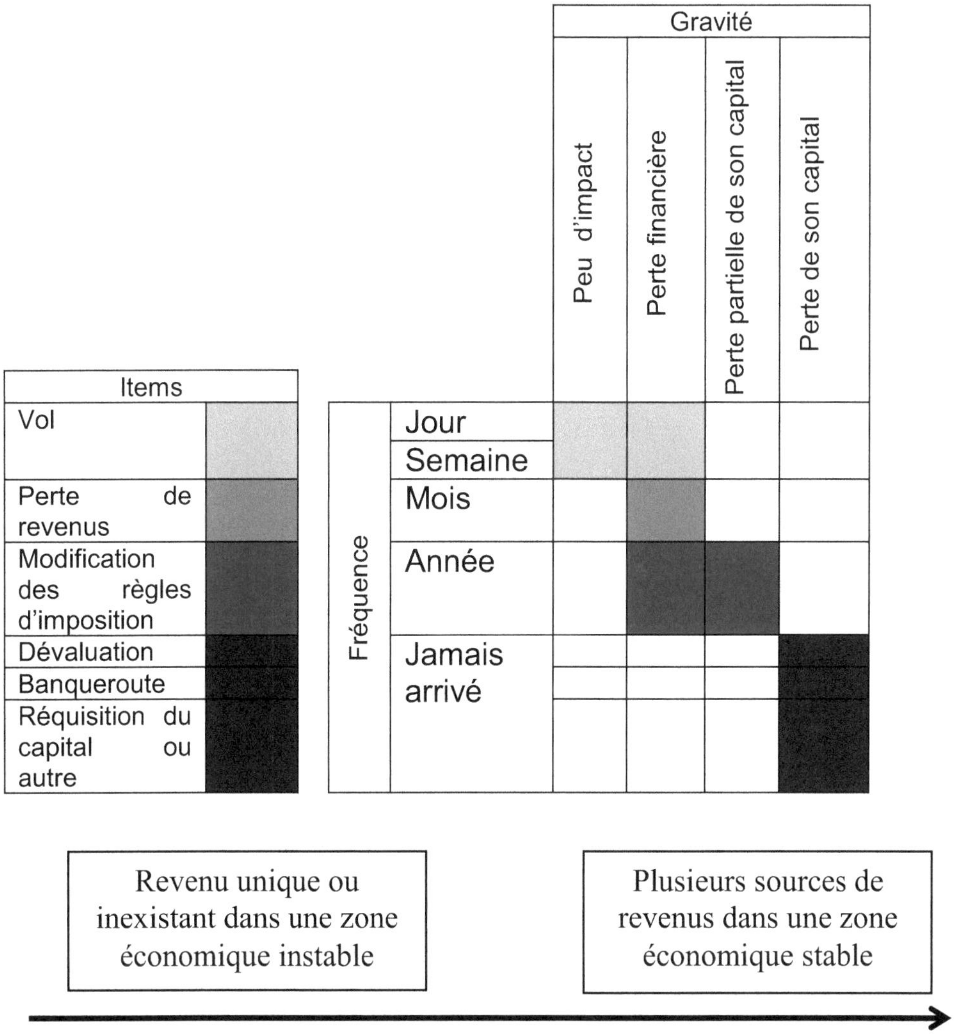

5.5.4 Plan d'action en fonction des risques suivant l'axe monnaie

Items	Quoi	Quand
Vol	Protéger et ne pas attiser les convoitises	Tous les jours
Perte des revenus	Développer sa capacité à vivre avec peu et diversifier ces sources de revenues	A revoir périodiquement
Modification des règles d'imposition	Etre à l'affut des modifications des règles par un suivi des évolutions des règles fiscales	A revoir tous les ans, se tenir au courant des « nouvelles règles » législatives.
Dévaluation	Diversifier son épargne « ne pas mettre tous ces œufs dans le même panier ». Quelques valeurs refuges : soi (par un développement de ces compétences), un terrain, de l'Or…	Doit être revu tous les mois.
Banqueroute faillite personnelle	Suivre régulièrement l'ensemble de ces activités	Doit être revue tous les mois
Réquisition du capital ou autre	Garder son capital dans une zone « sécurisée »	Vérification régulière

5.5.5 Principes de la permaculture appliqués suivant l'axe monnaie

Pour l'item protection de ses biens et plus particulièrement le vol, la solution principale est d'être discret.

Quant à la solution secondaire, il s'agit d'installer des systèmes de protection de type alarme.

Dans la cadre d'un élément plusieurs fonctions, ce dernier élément servira nous seulement pour les biens mais aussi pour les personnes.

Pour l'item revenus, le premier axe de travail peut être la recherche d'une diversification des revenus :

Le salariat
L'auto entreprenariat
Revenus locatifs

5.5.6   Check liste de la résilience suivant l'axe monnaies

Les différents niveaux	Items	Les actions à mettre en place
Niveau 1	Maitrise de ses dépenses Investir en soi	Bien calculer ses dépenses et les réduire Suivre des formations pratico pratiques
Niveau 2	Diversifier ses revenus	Salaires Micro entreprise Vendre ses produits sur les marchés Vendre ses compétences Créer un réseau d'échange
Niveau 3	Investir S'informer e tenir au courant des évolutions législatives	Développer ses compétences « monnayables » Investir dans l'immobilier Investir dans les cryptos Investir dans les devises Investir en bourse Exemple d'allocation des ressources : • 60% dépenses nécessaires et indispensables • 10% épargne à long terme • 10% liberté financière placement pour le futur • 10% développement personnel • 10% loisirs

5.6 MENACE

« De toutes les menaces qui pèsent sur nous, la plus redoutable, nous le savons, la seule réelle, c'est nous-mêmes. »

Par qui le scandale arrive René Girard

Dans sa vie et sans aller dans des endroits « sensibles », les menaces sont toujours présentes non seulement pour soi-même mais aussi pour ses proches ou ses biens.

5.6.1 Eléments chiffres suivant l'axe Menace

En 2018, en France, 646 00 personnes ont été victimes de violences physiques.

Sources : INSEE Tableau de l'économie Française édition 2020.

5.6.2 Exemple d'une personne résiliente suivant d'item menace

Imi Lichtenfeld naît en 1910 à Budapest puis il passe sa jeunesse à Bratislava.

Il est influencé par son père Samuel, acrobate de cirque, lutteur est enseignant self défense.

Imi pratique de nombreux sports puis se recentrera sur la gymnastique, la lutte et la boxe,

Il mena de nombreux affrontements qui lui permettront d'établir les concepts :

- Utiliser les réflexes, le mouvement naturel
- Attaque et défense simultanées
- Retrouver ses moyens après un coup

A partir de ces concepts, il a créé le Krav maga en 1964. Imi a entraîné personnellement les meilleurs combattants des unités d'élite d'Israël et a formé de nombreuses générations d'instructeurs de krav-maga – pour cela il a gagné la reconnaissance des plus hauts gradés de Tsahal.

En 1964, après s'être retiré du service actif exercé au profit des forces armées israéliennes, Imi commence à adapter le krav-maga aux besoins civils. La méthode est adaptée pour convenir à tout le monde : hommes et femmes, jeunes et adultes, tous ceux qui auraient besoin de survivre à une attaque avec un minimum de risque et de dommages.

Jusqu'à ses derniers jours, Imi continua à développer les techniques de krav-maga et ses concepts. Il supervisait personnellement les plus hauts gradés du krav-maga et passait du temps avec les instructeurs. Imi contrôlait les progrès et les réussites de ses élèves, les captivant avec sa personnalité unique et son sens de l'humour prononcé et leur communiquant sa connaissance et son avis

Imi Lichtenfeld représente une personne ayant travaillé sur l'axe menace vis-à-vis d'autrui.

Le 9 janvier 1998, il décède à l'âge de 87 ans.

Source : https://fr.wikipedia.org/wiki/Imi_Lichtenfeld

5.6.3 Tableau d'analyse des risques liés à l'aspect menace

Items		Fréquence		Gravité			
				Pas d'impact	Intégrité psychologique	Intégrité physique	Risque de mort
Menace psychologique			Jour				
			Semaine				
Menace physique			Mois				
Menace environnementale			Année				
Menace météorologique			Jamais arrivé				
Menace sur ces biens							

Environnement instable	Environnement sécurisé

→

5.6.4 Plan d'action en fonction des risques suivant l'axe menace

Items	Quoi	Quand
Menace psychologique	Etre transparent et ne pas attirer les convoitises ou la jalousie. Parallèlement, il est important de ne pas paraitre comme une « victime ».	Tous les jours
Menace physique	Etre transparent, ne pas attirer les convoitises ou la jalousie mais être « présent » Etre en capacité de répondre physiquement	Tous les jours
Menace environnementale	Pollution : eau, air…	A revoir tous les mois
Menace météorologique	Protection contre les variations météorologiques	A revoir tous les mois (en fonction des saisons)
Menace sur ses biens	Choisir de s'installer dans un zone sécurisée	Suivre les évolutions des flux et des riverains

5.6.5 Principes de la permaculture appliqués suivant l'axe menace

Pour l'item psychologique la solution principale pourra être de ne pas apparaitre comme une victime se montrer « fort » et la solution secondaire de travailler sur soi afin de développer sa confiance.

Pour l'axe physique, il est important de travailler sa condition physique et ses techniques (sports de combats et arts martiaux) voire de posséder des armes en restant en conformité avec la législation.

Dans l'idée, un élément plusieurs fonctions, les arts martiaux non seulement permettent de travailler ses techniques de combats mais aussi permettent d'avoir une bonne condition physique ainsi qu'une stabilité psychologique.

5.6.6 Check liste de la résilience suivant l'axe menaces

Les différents niveaux	Items	Les actions à mettre en place
Niveau 1	Augmenter sa capacité de réponse Ne pas être une cible	Pratique des arts martiaux et self défense *« Quand quelqu'un vous attaque, ripostez, soyez brutal, soyez féroce »* *Donald Trump*
Niveau 2	Ne pas être une cible Discrétion	Développer sa capacité à être discret concept de « l'homme gris »
Niveau 3	Protection sécurisation de soi-même et de ses biens	Choix d'une zone géographique non sensible et se créer un environnement sécurisé

« Etre au bon endroit au bon moment »

6 EVALUATION DE SON NIVEAU DE RESILIENCE

Diagramme radar permettant de voir son niveau de résilience suivant les 5 M

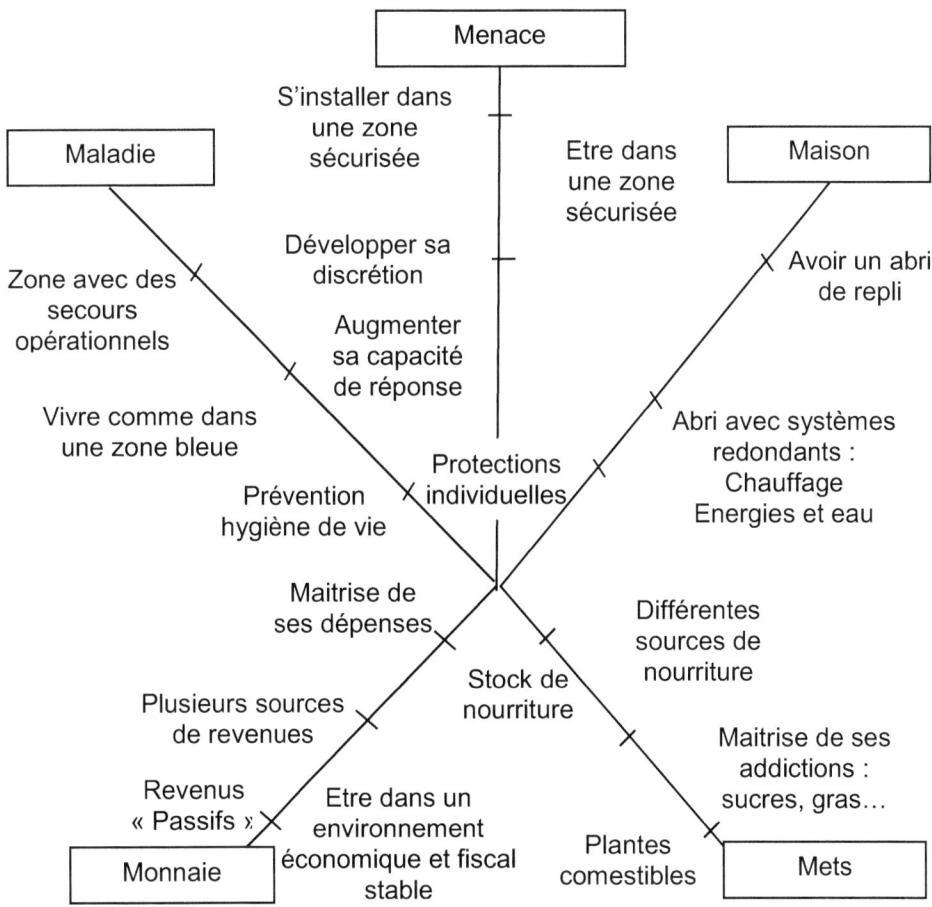

Vous pouvez vous placer suivant chacun des axes ce qui permet de connaitre rapidement votre niveau de résilience.

7   BONUS

Dans ce paragraphe bonus, quelques outils complémentaires sont présentés.

7.1   TRAVAILLER SON MENTAL

7.1.1   Motivation / choix de vivre / Logo thérapie

La logo thérapie a été créée par Vikto E Frankel, elle repose sur une approche psychologique basée et sur les possibilités d'avenir qui détermine les trois principales sources de motivation :

L'accomplissement d'une « œuvre », il s'agira d'un objectif, d'un sens que l'on donne à son existence.

Faire l'expérience de quelque chose ou de quelqu'un, il s'agit de créer ou d'entretenir des relations sociales avec les autres.

L'attitude envers une souffrance inévitable

7.1.2   Cohérence cardiaque

Il s'agit d'une technique respiratoire qui permet de normaliser le rythme des battements de son cœur, pour bien oxygéner son cerveau.

Cette technique vous permet de garder le contrôle

5 minutes de cohérence cardiaque = 4 heures sans stress

Méthode   ,

Respirer par le ventre, ce qui conditionne votre réussite
Inspirez durant 5 secondes en gonflant le ventre
Expirez 5 secondes en dégonflant le ventre
Continuez sur ce rythme pendant environ 5 minutes.

Chaque respiration doit durer 10 ou 11 secondes... Soit 5 ou 6 respirations par minute.

Ce sont des respirations profondes, complètes. Elles déjouent cette impression d'avoir le souffle court. Elles oxygènent vos cellules au maximum.

Une séance de 5 minutes de cohérence cardiaque peut améliorer votre physiologie (bon équilibre nerveux, rythme cardiaque régulier, niveau de cortisol plus faible) pour une durée de 4 heures.

Périmètre d'utilisation

Comme 5 minutes de cohérence cardiaque peuvent réduire votre stress pendant 4 heures. Il est possible de planifier ces séances dans la journée pour rester « zen ».

Cette technique peut être également utilisée avant un moment que l'on juge psychologiquement difficile.

En résumé, pour votre bien, la cohérence cardiaque peut être appliqué à tout moment.

7.1.3   Briser les habitudes

L'objectif est de sortir de sa zone de confort en se lançant des défis :

Marchander un produit

Aborder un inconnu

Aller dans des endroits que vous ne connaissez pas

Faire des actions des choses que vous n'avez pas l'habitude de faire

7.1.4 Douche froide

L'objectif de la douche froide est de stimuler l'organisme non seulement par son action sur la circulation sanguine mais aussi par le fait qu'elle provoque un afflux électrique vers le cerveau.

Elle a aussi une action de réduction des douleurs musculaires après un effort sportif.

Selon une étude, une douche de deux à trois minutes à 20°C entraîne un afflux électrique important au niveau du cerveau, susceptible d'agir comme un puissant antidépresseur naturel.

Selon cette même étude, l'eau froide dynamise la production d'endorphines, ce neurotransmetteur secrété par l'hypophyse pour lutter contre la douleur et qui diffuse naturellement cette agréable sensation de plaisir. Résultat : moins de fatigue et davantage de bonne humeur.

Les bienfaits de l'eau froide sont connus depuis très longtemps ! Et les conseils de l'abbé Kneip, inventeur de la méthode du même nom consistant à prendre des douches et bains froids, sont toujours d'actualité. L'eau froide préserve la santé car elle renforce l'immunité, en augmentant la production de lymphocytes T, une variété de globules blancs.

Enfin, si on parle de bienfaits des douches froides matinales, n'oublions pas celles du soir qui nous aident à mieux dormir. De façon naturelle, le corps baisse en température lorsque l'on s'endort. Les douches froides avant de se coucher faciliteront donc l'endormissement.

Sources https://www.consoglobe.com/douche-froide-cg

Une méthode de résistance au froid est médiatisée par Wim Hof.

7.2   TRAVAILLLER SON PHYSIQUE

Il est préconisé de travailler d'une part son endurance et d'autre part son explosivité.
Bien entendu, il convient de vérifier avec le corps médical sa capacité à faire les exercices ci-dessous.

7.2.1   Travailler son endurance

Les activités pour améliorer son endurance sont par exemple :

La course à pied
Le cyclisme
La natation

7.2.2   Travailler son explosivité

Les activités pour améliorer son explosivité sont par exemple :
Les arts martiaux et sports de combats
Travail au poids de corps avec des exercices basiques :
Squat, Pompes et Gainage

8   CONCLUSION

La lecture de ce manuel vous a permis de connaitre votre niveau de résilience mais aussi de connaitre les items sur lesquels il peut être important de travailler.

Dans un premier temps, il convient d'avoir un minimum d'objets à sa disposition pour augmenter sa résilience (CF points 4 et 5).

Dans un second temps, un point important reste l'environnement dans lequel vous vivez qu'il soit choisi ou subi.

Sachant que son niveau de résilience est évolutif dans le temps, vous pouvez donc le modifier en fonction de votre engagement.

Dépôt légal : juillet 2021